ZU ENTSCHEIDUNGEN STEHEN

Tipps und Tricks für den Umgang mit beruflichen Entscheidungen

Verfasst von Véronique Vesiez
Übersetzt von Julia Buchrieser

ZU ENTSCHEIDUNGEN STEHEN

- **Ziel:** Schwierigkeiten bei der Entscheidungs-findung überwinden und für seine Entscheidungen einstehen können
- **Anwendung:** Überlegte Entscheidungen im Beruf zu treffen ist wichtig für die eigene Ausgeglichenheit und hilft dabei, sich seinen Zielen bewusst zu nähern.
- **Arbeitskontext:** Karriere-Management, Persönlichkeitsentwicklung
- **FAQ:**
  - Wie verläuft der Entscheidungsprozess im Gehirn?
  - Was passiert, wenn man keine Entscheidungen trifft?
  - Sollte ich meine Entscheidungen auf etwas beschränken?
  - Kann man von guten und schlechten Entscheidungen sprechen?
  - Wodurch kann eine bessere Selbstkenntnis zu zufriedenstellenden Entscheidungen führen?

- <u>Sollte man sich Hilfe für wichtige berufliche Entscheidungen holen?</u>

EINLEITUNG

Jeder Mensch steht im Laufe seines Berufslebens vor Entscheidungen: Berufswahl, Arbeitsplatzwechsel, Unternehmensgründung, Wechsel des Arbeitssystems etc. Unabhängig davon, ob man sich selbst vor eine solche Entscheidung stellt oder diese von außen verlangt wird, bringt sie einen oft in eine unangenehme oder stressige Situation.

„Wer die Wahl hat, hat die Qual": Diese Redewendung unterstreicht die Schwierigkeit der Entscheidungsfindung. Entscheidungen treffen bedeutet, etwas Unbekanntem zu begegnen bzw. etwas zu riskieren – denn das Ergebnis der Entscheidung ist ungewiss – und somit eine bestimmte Richtung einzuschlagen. Dieses Wagnis einzugehen ist deswegen für die Zukunft der jeweiligen Person sehr wichtig.

Daher sollte man die Fähigkeit besitzen, Entscheidungen zu treffen, da man dadurch eine nicht zufriedenstellende Situation verändern, bereits Erworbenes behalten oder sich seinen Zielen nähern kann, ohne dabei von anderen abhängig zu sein.

Aber wie kann man die Unentschlossenheit konkret überwinden? Wie kann man sich seiner Entscheidungen sicher sein und dafür einstehen? Lernen Sie in 50 Minuten anhand unserer praktischen Tipps alles, um im Berufsleben zufriedenstellende Entscheidungen treffen und zu diesen stehen zu können!

GUT DURCHDACHTE ENTSCHEIDUNGEN: DIE GRUNDLAGEN

WARUM IST ES SO SCHWIERIG, ENTSCHEIDUNGEN ZU TREFFEN?

Die Grenzen der Rationalität

Forschungen in der Kognitionswissenschaft zeigen, dass die Entscheidungsfindung zwei Phasen beinhaltet. In der ersten Phase werden Informationen gesammelt, die möglichen Optionen geprüft und einige ausgeschlossen. Dann werden die verbleibenden Möglichkeiten verglichen, um zu bewerten, welchen Einsatz sie verlangen, was für sie getan werden muss und welche langfristigen Auswirkungen sie haben.

Je wichtiger die Entscheidung erscheint, umso mehr versucht man, sie zu rationalisieren. Hier kommt die bekannte Pro- und Kontra-Liste ins Spiel. Durch die Gegenüberstellung von Vor- und

Nachteilen hilft sie dabei, die Situation zu klären und die Auswirkungen auf die Person selbst und ihr Umfeld abzuschätzen. Häufig ist die Methode aber nicht zielführend, da zu gründliche Überlegungen auch dazu führen können, dass keine Entscheidung getroffen wird, was wiederum zu Angst und Schuldgefühlen führen kann.

NACHDENKEN, ABER MIT MASS UND ZIEL

- Neurowissenschaftler haben festgestellt, dass das Sammeln von möglichst vielen Daten zu einem Thema dazu führt, dass man sich immer weiter vom Wesentlichen entfernt. Tatsächlich kann der für das Denken zuständige präfrontale Cortex nur eine bestimmte Menge an Informationen gleichzeitig verwalten. Ein Datenüberschuss kann sich daher negativ auf die Klarsichtigkeit auswirken, und dazu führen, dass man aus den Augen verliert, was wirklich zählt.

Unendliche Möglichkeiten

Früher lebten die Menschen in Gruppen zusammen und fügten sich dem Schicksal, das für sie vorherbestimmt war. Der Zusammenhalt und das Gleichgewicht der Gruppe waren wichtiger als Selbstverwirklichung. Mit der Forderung nach Freiheit und Gleichheit haben Revolutionen und die Demokratie die Gesellschaft individualisiert, sodass jeder nun selbst für sein Glück verantwortlich ist. Die italienische Philosophin und Forscherin Michela Marzano (geboren 1970) erklärt[1], dass Freiheit nicht mehr nur eine Möglichkeit ist, sondern vielmehr zu einer Pflicht geworden ist – was ihr ihren eigentlichen Sinn entzieht.

In der Folge ist man oft überfordert mit den unendlichen Entscheidungsmöglichkeiten und der enormen Verantwortung, die auf seinen Schultern lastet.

---

1 zitiert in: Péronnet: „Choix: pourquoi nous hésitons". In: *Psychologies* (Jan. 2010).

Wiederkehrende Ängste

Bei der Entscheidungsfindung wird die Vernunft durch einige Faktoren, vor allem Ängste, beeinträchtigt. Der kanadischen Bestseller-Autorin und spirituellen Lehrerin Lise Bourbeau (geboren 1941) zufolge gibt es reale Ängste (angesichts einer Gefahr) und „irreale" Ängste, beispielsweise:

- die Angst, Risiken einzugehen
- die Angst, sich zu irren
- die Angst, etwas abzulehnen
- die Angst, sich eingeschlossen zu fühlen
- die Angst zu enttäuschen

Irreale Ängste entstehen in der Vorstellung aufgrund von Überzeugungen, die von in der Kindheit erlebten, beobachteten oder gelernten Erfahrungen stammen. Zur Vermeidung eines Déjà-Vus dieser schmerzhaften Erlebnisse entwickelt der Mensch gewisse Verhaltensweisen, die ihn schützen sollen, ihn gleichzeitig aber auch einschränken.

ANTREIBENDE BOTSCHAFTEN

Auf Basis der Arbeiten des US-amerikanischen Psychiaters und Begründers der Transaktionsanalyse Eric Berne (1910-1970) hat sein Landsmann, der Psychologe Taibi Kahler (geboren 1943), fünf Botschaften – *Antreiber* genannt – identifiziert, die das menschliche Verhalten beeinflussen:

Sei stark.

Sei perfekt.

Beeil dich.

Streng dich an.

Mach's anderen recht.

Erziehung, Kultur und Erfahrungen verankern diese Botschaften im Menschen von Kindheit an. Sie sind der Ursprung der Einschränkungen, denen der Mensch unterworfen ist – sie zu kennen und zu akzeptieren hilft dabei, zu sich selbst zu finden und nicht das zu sein, was andere von einem erwarten.

Auch die Angst vor Veränderungen ist weit verbreitet und in jedem Menschen verankert. Der Mensch neigt zu Gewohnheiten, da diese ihm Sicherheit geben. Veränderung bedeutet jedoch, aus seiner Komfortzone auszubrechen und sich auf Neuland zu begeben, ohne zu wissen, ob die getroffenen Entscheidungen das gewünschte Ergebnis bringen werden.

In seinem Buch *Die Mäuse-Strategie für Manager* verdeutlicht der US-amerikanische Autor Dr. Spencer Johnson (geboren 1940) das menschliche Verhalten im Hinblick auf Schwierigkeiten und Herausforderungen des Lebens anhand von vier kleinen Persönlichkeiten, zwei Mäusen und zwei Zwergen:

- Schnüffel erkennt Veränderungen bereits an den ersten Anzeichen.
- Wusel beschleunigt Handlungen.
- Grübel zweifelt Veränderungen an und verwirft sie, weil er denkt, dass sie ihm schaden.
- Knobel passt sich schnell an, weil er versteht, dass Veränderung gleichbedeutend mit Verbesserung ist.

Die Haltung gegenüber Veränderungen ist maßgebend für Entscheidungen im Berufsleben.

Mangelnde Selbstkenntnis

Der Mensch versucht, durch seine Entscheidungen zu seinem Glück zu finden.

Dem französischen Philosophen, Soziologen und Schriftsteller Frédéric Lenoir (geboren 1962) zufolge „hält uns unser beschleunigter Lebensstil davon ab, auf unsere innere Stimme zu hören. Wir möchten alles machen, aber uns fehlt die Zeit"[1] (Marshall: „Les leçons de bonheur de Frédéric Lenoir". 2014).

DIE BESTANDTEILE DES GLÜCKS

Frédéric Lenoir zufolge sind Forscher zum Schluss gekommen, dass Glück

zu 50 % von der Genetik (Gene, Vererbung),

zu 40 % von Entscheidungen und Handlungen (Entscheidungen; der Sinn, den man dem Leben gibt; Verpflichtungen; Begegnungen; Aktivitäten),

und zu 10 % von äußeren Umständen (dem Land, in dem man lebt; dem sozialen und familiären Umfeld) abhängt.

---

1 Übersetzt für 50Minuten.de

„Der Schlüssel der Weisheit liegt in der Vereinfachung, der Selbstbeschränkung unserer Wünsche, in dem man sie an die Welt, wie sie ist, anpasst: Diese hat ihre Grenzen und befindet sich in der Krise. Das Essenzielle pflegen – dazu laden alle Strömungen der Weisheit ein, von den Stoikern über Montaigne und Spinoza bis hin zu den Buddhisten ... und Jesus. Auf diesem Weg der rechten Wahl werden wir unser Glück finden und es genießen können", erklärt Frédéric Lenoir.[1] (ebd.)

Mangelnde Selbstkenntnis, Unentschlossenheit, sowie die Verfolgung ungeeigneter Wünsche, machen berufliche wie auch private Entscheidungen gegebenenfalls sehr schwierig.

ZUFRIEDENSTELLENDE ENTSCHEIDUNGEN IM BERUFSLEBEN TREFFEN

Externe Faktoren untersuchen

Zum besseren Verständnis wird im Folgenden ein allgemeines Beispiel betrachtet; eine Frage, die sich jeder mindestens einmal im Berufsleben stellen sollte: „Soll ich in diesem Unternehmen

---

1 Übersetzt für 50Minuten.de

bleiben und weiter meinem Beruf nachgehen oder wäre es besser, mir eine neue Stelle zu suchen, um mich beruflich voll entfalten und weiterentwickeln zu können?"

Sie sollten sich zuerst über die Rahmenbedingungen der anstehenden Entscheidung klar werden. Schauen Sie sich dazu die Faktoren an, die für Ihre Entscheidung wichtig sein können.

- Wie funktioniert die Organisation in Ihrem Unternehmen? Wie werden Entscheidungen getroffen?
- Welche Perspektiven gibt es in dem Bereich, der Sie interessiert?
- Informieren Sie sich über Wirtschaftssektoren, Unternehmensarten und die Lage derer, in denen Ihr Wunschberuf ausgeübt wird.
- Welche Kompetenzen und Soft Skills sind für die Ausübung dieses Berufes wichtig?
- Welche finanziellen Mittel sind für das jeweilige Projekt bzw. die Ausbildung notwendig?
- Gibt es Experten, die Ihnen Ratschläge geben können? Holen Sie sich Rat und Unterstützung aus Ihrem Umfeld.
- Stellen Sie sich Risiken oder Hindernisse vor, mit denen Sie konfrontiert werden könnten.

Sich selbst beobachten

Der niederländische Philosoph Baruch Spinoza (1632-1677) vertrat die Meinung, dass der Weg zum Glück in der Verwirklichung seiner wahren Natur liegt. Das erfordert eine gute Selbstkenntnis, sprich die Definition dessen, was Ihnen wichtig ist und was nicht. Dazu sollten Sie alles aufschreiben, was Sie über sich selbst wissen, denn je besser Sie sich selbst kennen, desto leichter fällt es Ihnen, die richtige Entscheidung zu treffen. Nehmen Sie etwas Abstand, um über folgende Punkte nachzudenken:

- Ihre aktuellen und vergangenen Erfahrungen im Berufsleben
- Ihre Fähigkeiten und Kompetenzen
- Ihre Charaktereigenschaften
- Ihre Vorlieben und Interessen
- Ihre Ängste und Wünsche
- Ihre Bedürfnisse (befriedigte und unbefriedigte)
- Ihre zentralen Werte (siehe auch Kapitel <u>Jetzt sind Sie gefragt!</u>)
- Ihre Sehnsüchte und Ihre Wünsche
- Ihre Hemmungen und verbesserungswürdigen Punkte

Schreiben Sie alles auf, was Ihnen zu den einzelnen Kategorien einfällt, von einer einfachen Beschreibung bis hin zu Ihren Empfindungen in bestimmten Situationen. So erkennen Sie, was Sie alles über sich selbst wissen.

RÜCKKEHR ZU SEINEN WERTEN

Respekt, Großzügigkeit, Gerechtigkeit, Freiheit, Spaß, Authentizität … Werte entstehen durch Erfahrungen und Erziehung. Sie sind Anhaltspunkte und erklären das „Wofür?" An sie wird geglaubt, sie machen Sinn und begründen das Verhalten sowie die Interaktionen mit dem Umfeld. Wenn eine Entscheidung getroffen werden muss, ist es wichtig, zu seinen Werten zurückzukehren, da man dadurch auf unterschiedlichen Ebenen handeln kann:

Man ist im Einklang mit sich selbst.

Man gibt seinen Handlungen einen Sinn.

Man setzt Prioritäten und geht mit Stress um.

Man hat Vertrauen in seine Projekte.

Maryvonne Lorenzen, Coach und Co-Autorin des Buches *Make the Right Choices*, rät, zwei oder drei wichtige Entscheidungen in seinem Leben zu analysieren und festzustellen, welche Faktoren die Entscheidungen beeinflusst haben: Vorurteile, gesellschaftliche Verpflichtungen, Herkunft, Umfeld ... Wenn Sie Ihr eigenes Verhalten und Ihre wahre Motivation untersuchen, werden Sie bewusst neue, realitätsnahe Entscheidungen treffen können.

ÄNGSTE VERMEIDEN

Wenn man vor Entscheidungen steht, ist man oft verwirrt und unsicher – in diesem Fall sollte man versuchen, seine Ängste und falschen Überzeugungen im Hinblick auf die jeweilige Situation anhand einiger Fragen zu erkennen. Der französische Psychosoziologe und Schriftsteller Jacques Salomé (geboren 1935) stellte fest, dass hinter jeder Angst ein Wunsch versteckt liegt. Seine Ängste zu kennen bedeutet also, mehr über seine Wünsche zu erfahren, und erleichtert die Entscheidungsfindung.

Welche Befürchtungen haben Sie im Zusammenhang mit der Entscheidung?

Können Sie sich daran erinnern, ob Sie in der Kindheit ähnliche Befürchtungen hatten?

In welchem Kontext tauchen sie meist auf? Sind sie begründet?

Mit welcher Überzeugung hängen sie zusammen?

Wovon hält Sie diese Angst ab?

Welcher Wunsch steckt möglicherweise hinter dieser Angst?

Was können Sie tun, um sich diesen Wunsch zu erfüllen?

Auf Intuition und Emotionen hören

Richard Branson, Gründer der Virgin Group, stützt sich bei Entscheidungen auf seine Empfindungen gegenüber den möglichen Optionen. Der ungarische Geschäftsmann Georges Soros bekennt wiederum, dass er sich bei der Entscheidungsfindung auf seine Rückenschmerzen verlässt, die meist proportional zum Risiko einer Geldanlage auftreten.[1]

---

1 Vgl. Fontaine: „5 conseils pour prendre la bonne décision au bon moment", 2013

Emotionen sind eine Art Alarmsystem, das wertvolle Informationen zur jeweiligen Situation abgibt. Lernen Sie, die Signale Ihres Körpers zu erkennen, die diese Emotionen begleiten, beispielsweise Anspannung, Entspannung, Bauch- oder Kopfschmerzen, Gänsehaut, Herzklopfen ...

Wenn Sie vor einer Entscheidung stehen, sollten Sie sich fragen:

- Wie fühle ich mich angesichts dieser Entscheidung?
- Was löst das in meinem Körper aus?
- Warum fühle ich so?
- Welche Ideen fallen mir spontan zu diesem Thema ein?

Auch Ihre Intuition kann Ihnen bei der Entscheidungsfindung im Berufsleben weiterhelfen. Laut einer von Dr. Jagdish Parikh, Forscher an der Harvard Business School, Ende der 1990er Jahre durchgeführten Studie sind 80 % der 13.000 befragten Führungskräfte der Meinung, dass ihnen ihre Intuition zu Erfolg verholfen hat. Der US-amerikanische auf Intuition in Unternehmen spezialisierte Forscher Herbert Simon (1916-2001) erklärte, dass „Intuition direkt mit den Erfahrungen und dem Lernen verbunden ist. Wie ein Schachspieler weiß der Manager intuitiv, wie er in welcher Situation handeln muss, da sein Gehirn bereits assoziative Informationen und Wahrscheinlichkeiten gesammelt hat"[1] (Fontaine: „Intuition en entreprise: une révolution en marche?", 2014).

INTUITION TRAINIEREN

Die folgenden Tipps helfen Ihnen, Ihre Intuition auszubauen:

Hören Sie auf Ihre innere Stimme.

Achten Sie auf die Zeichen Ihres Körpers sowie auf Ihre Emotionen.

Achten Sie auf Assoziationen von Ideen und Geistesblitze (visuell, akustisch, intellektuell).

Schärfen Sie Ihre Sinne.

Schreiben Sie Ihre Träume auf.

Nehmen Sie Synchronitäten auf, also das gleichzeitige Auftreten von mindestens zwei Ereignissen, die keinen Kausalzusammenhang

---

1 Übersetzt für 50Minuten.de

> haben, aber deren Verbindung für Sie eine besondere Bedeutung hat.
>
> Stärken Sie Ihre Empathie.
>
> Lassen Sie los ...[1]

Absichten klären

Dem Psychologen und Soziologen Dominique Chalvin zufolge „resultiert der Großteil unserer Frustrationen im Beruf aus dem Mangel an klarer Priorisierung zwischen mehreren möglichen Zielen"[2] (Chalvin: *L'affirmation de soi*, 2016). Er empfiehlt, die Arbeit in den bestehenden Lebenskontext einzuordnen, indem man sich realistische Ziele vornimmt und sich traut, ein „ehrlicher Stratege" zu sein, das heißt, vorauszuplanen, einen geeigneten Handlungsplan einzusetzen, Sicherheiten vorzusehen, auf die zurückgegriffen werden kann, aber auch fähig zu sein, sein Verhalten anzupassen, wenn es nicht mit den eigenen Werten übereinstimmt.

---

1 Vgl. Fontaine: *Développez votre intuition pour prendre de meilleures décisions*, 2013
2 Übersetzt für 50Minuten.de

Die Entscheidung ist das Ergebnis einer Absicht. Daher ist es ebenfalls wichtig zu wissen, was man wirklich will, und nicht nur, was man nicht will. Das Bewusstsein darüber wird Ihre Entschlossenheit und Motivation, Ihr Ziel zu erreichen, stärken.

Damit Sie sich Ihrer Absichten bewusst werden, sollten Sie folgende Tipps befolgen:

- Wählen Sie konkrete Ziele mit Fristen zur Umsetzung.
- Definieren Sie Etappen, sprich Zwischenziele im Einklang mit Ihren Werten.
- Fragen Sie sich, welches Ergebnis Sie durch diese Entscheidung erzielen wollen.

EIN ZIEL DEFINIEREN NACH DER SMARTER-METHODE

Spezifisch (**s**pecific): Ihr Ziel sollte präzise und kontextualisiert sein.

Messbar (**m**easurable): Es sollte sich zudem quantifizieren lassen, mit präzisen Etappen.

Erreichbar (**a**chievable): Sie glauben daran, dass Sie es schaffen können.

Realistisch (**r**ealistic): Das Ziel ist in Ihrem spezifischen Kontext realistisch.

Terminiert (**t**ime-bound): Sie haben Etappen und Fristen festgelegt, an die Sie sich halten.

Bewertbar (**e**valuatable): Das Ziel sollte für Sie und Ihr Umfeld angemessen sein und Ihren Werten entsprechen.

Anpassbar (**r**eadjustable): Das Ziel sollte bei Veränderungen des Kontexts angepasst werden können.

Für seine Entscheidungen einstehen

Ist die Entscheidung einmal getroffen, kann es passieren, dass man es trotz Motivation nicht schafft, zu handeln – man zögert immer noch.

Das Unbekannte akzeptieren

Johnson betont in *Die Mäuse-Strategie*, dass für neue Ergebnisse die alten Gewohnheiten abgelegt werden sollten.

Ernsthaft über Veränderungen nachzudenken ist wichtig, um eine Entscheidung zu bewerten und

Rücksicht auf das eigene Gleichgewicht sowie auf sein Umfeld zu nehmen. Stellen Sie sich dazu folgende Fragen:

- Was ist Ihre wahre Motivation?
- Sind Sie wirklich bereit, etwas zu ändern?
- Von welchen Vorteilen der aktuellen Situation möchten Sie weiterhin profitieren?
- Gibt es etwas, das Sie oder Ihre Angehörigen ändern möchten?
- Welchen Nutzen wollen Sie aus der Veränderung ziehen?
- Worauf können Sie verzichten?
- Wird Ihnen die Veränderung dabei helfen, das Leben zu führen, das Sie sich erträumen?

Passen Sie bei Entscheidungen auf, mithilfe derer Sie sich aus einer unangenehmen Situation befreien wollen, da hier das Risiko besteht, in eine Vermeidungsstrategie zu verfallen – ungelöste oder übergangene Probleme kehren ständig wieder. Wenn Sie sich in einer unangenehmen Situation befinden, ist es gut, die Dinge in die Hand zu nehmen und über eine mögliche Veränderung nachzudenken, Sie sollten aber gleichzeitig darauf achten, nicht automatisch die Flucht zu ergreifen. Berücksichtigen Sie alle

Umstände, nehmen Sie etwas Abstand und vergewissern Sie sich, dass Ihre Entscheidung nicht nur die Vermeidung von Unwohlsein zum Ziel hat, sondern Sie sich wirklich beruflich weiterentwickeln wollen.

Dazu stehen und relativieren

> Es gibt keine Niederlagen, nur Erfahrungen. [1] (Bouuaert: *L'éducation émotionelle de la maternelle au lycée*, 2013, S. 22)

Verantwortung übernehmen bedeutet Protagonist seiner Entscheidungen zu sein, die Konsequenzen zu akzeptieren und aus seinen Erfahrungen zu lernen.

Der Großteil der getroffenen Entscheidungen ist weder unwiderruflich noch definitiv. Es ist immer möglich, neue Entscheidungen zu treffen, einen neuen Versuch zu starten oder seine Entscheidungen zu korrigieren. Jede Entscheidung ist also eine neue Gelegenheit, sich dem zuzuwenden, was wichtig ist. Und auch Werte sind glücklicherweise nicht unveränder

---

1 Übersetzt für 50Minuten.de

lich, vielmehr entwickeln sie sich im Laufe des Lebens und durch Erfahrungen weiter. Auch wenn sich Entscheidungen also selten als irreparable Katastrophe herausstellen, sollte jede Entscheidung in Ruhe und unter Berücksichtigung aller Möglichkeiten getroffen werden, damit sie nicht entsprechend einer einfachen Gewohnheit gefällt wird, sondern wirklich zielführend ist.

Sich Zeit nehmen

> Eine Entscheidungsfindung ist ein Prozess. Man unterscheidet drei Schritte. Am Beginn steht die Erforschung (oder Analyse) der Situation, danach kommt die Vorbereitungszeit, während der man das Für und Wider abwiegt und schlussendlich der Moment, wenn man eine Entscheidung getroffen hat, und bereit ist, sie in die Tat umzusetzen. [1] (Sylvie Labelle, zitiert in: Laurier: „Des méthodes efficaces pour prendre de bonnes décisions", 1994)

Sich einige Tage oder Wochen Zeit zu nehmen, um seine Entscheidung zu treffen, birgt die Möglichkeit, die Entscheidung mit der Realität zu

---

1 Übersetzt für 50Minuten.de

konfrontieren: sie besser kennenzulernen, sich über die Zukunft klar zu werden, sich den Alltag mit der getroffenen Entscheidung vorzustellen. So kann man sich von der Richtigkeit seiner Entscheidung überzeugen. Achten Sie jedoch darauf, sich eine Frist für das Überdenken zu setzen, nach dieser die Entscheidung nicht mehr infrage gestellt werden darf – da Sie ansonsten in eine Spirale lähmender Unentschlossenheit geraten könnten.

Sich verpflichten

Sich engagieren bedeutet wörtlich genommen „sich verpfänden" (vom Französischen „se mettre en gage"). Sich selbst zu verpfänden heißt, freiwillig Risiken auf sich zu nehmen. Dafür sind viel Vertrauen und Selbstbewusstsein notwendig.

Der US-amerikanische Geschäftsmann und Redner Stephen R. Covey (1932-2012) empfiehlt, ein persönliches Leitbild zu entwickeln, denn „dieses Leitbild definiert, was Sie sein wollen (Charakter), tun wollen (Beiträge und Leistungen) und auf welchen Werten oder Prinzipien das

Sein und das Tun beruhen"[1] (Covey: *Die 7 Wege zur Effektivität: Prinzipien für persönlichen und beruflichen Erfolg*, 2005).

Schließen Sie einen Vertrag mit sich selbst, indem Sie die Grundzüge Ihrer Entscheidung aufschreiben, unterschreiben und regelmäßig durchlesen.

Sich die Zukunft vorstellen

> Hochleistungssportler verfügen über eine gute Vorstellungskraft. Sie sehen, spüren und leben ihre Ziele in Gedanken und starten mit diesem Ziel vor Augen. [2] (Jeanne: *Que l'énergie soit avec vous*, 2012, S. 50)

Die Methode der Visualisierung wurde vom US-amerikanischen Onkologen Carl Simonton in den 1970er Jahren zu therapeutischen Zwecken entwickelt. Sie ermöglicht es, die eigenen Möglichkeiten voll auszuschöpfen.

Die Idee dahinter ist, sich ein Ziel bis ins kleinste Detail (Ort, Empfindungen, gewünschte Haltung,

---

1 Übersetzt für 50Minuten.de
2 Übersetzt für 50Minuten.de

Abschnitte ...) vorzustellen. Das bereitet das Gehirn auf das Erreichen von Zielen vor und ermöglicht es, diese in der Realität zu verankern. Dadurch fällt es einem leichter, Entscheidungen zu treffen, da man sich die Konsequenzen vorstellen kann. Christian Jeanne zufolge sollte „die gedankliche Bilderwelt, also die Visualisierung einer Situation, in der man eine Handlung abschließt, in eine Schublade in seinem Gedächtnis gesteckt werden, um sie instinktiv jedes Mal wieder hervorholen zu können, wenn man mit einer ähnlichen Situation konfrontiert wird"[1] (ebd.).

Zum Handeln übergehen

Carl Gustav Jung (Schweizer Psychiater, 1875-1961) erklärte, dass für wahre Veränderung nicht nur die Erkenntnis notwendig ist, sondern ebenfalls Handlungen und Hartnäckigkeit.

Wenn Sie eine Entscheidung getroffen haben, sollten Sie sie also auch umsetzen:

- Seien Sie bereit, Zeit und Energie zu investieren und bleiben Sie standhaft.
- Identifizieren Sie die zu erledigenden Aufgaben.

---

1 Übersetzt für 50Minuten.de

- Entwickeln Sie einen Handlungsplan mit Zwischenschritten
- Planen Sie die für die Umsetzung notwendigen Mittel ein.
- Entwickeln Sie Lösungen für mögliche Hindernisse.
- Kontrollieren Sie den Fortschritt Ihres Handlungsplans regelmäßig, um fokussiert zu bleiben.

> Unsere Werte sind eine wahre Goldgrube, eine intrinsische Motivationsquelle und großartige Gründe, um zu machen, was wir machen. Darin besteht der tiefste Sinn unseres Berufslebens und unserer Vorhaben. Durch ihren Ausbau fördern sie die Handlungsfreudigkeit, die die Freude am Beruf nährt und dadurch einen positiven Geisteszustand auslöst, sprich uns unternehmungslustig und tatkräftig macht. [1] (Pascual: „8 étapes pour gérer les périodes de doute", 2017).

- Wenn Sie vor einer Entscheidung stehen, sollten Sie auf Ihre innere Stimme hören, um zu erkennen, was gut für Sie ist.

---

1 Übersetzt für 50Minuten.de

> Haben Sie den Mut, Ihrem Herzen und Ihrer Intuition zu folgen, denn sie wissen, was Sie werden wollen.[1] Steve Jobs, Rede in Stanford im Jahr 2005

- Hören Sie bei Entscheidungen auf Ihr Bauchgefühl. Ihre Intuition spricht zu Ihnen und wenn Sie lernen ihr zuzuhören, können Sie viel über sich lernen. Sie können außerdem einiges an Zeit bei der Entscheidungsfindung gewinnen, indem Sie nicht zu viele Informationen zusammentragen. Behalten Sie den Überblick und identifizieren Sie die Faktoren, die Ihre Entscheidungen beeinflussen: Vorurteile, Gesellschaften, Herkunft, Umfeld ...

> Nicht weil die Dinge schwierig sind, wagen wir sie nicht, sondern weil wir sie nicht wagen, sind sie schwierig. Seneca

- Nehmen Sie sich Zeit und lassen Sie Ihre Entscheidungen reifen – Sie können Pausen machen, meditieren ...
- Führen Sie ein Tagebuch, in das Sie Ihre Überlegungen und Empfindungen in Bezug auf die Entscheidungen schreiben.

---

1 Übersetzt für 50Minuten.de

- Um das Feld der Möglichkeiten zu öffnen, sollten Sie Ihre Art der Entscheidungsfindung ändern: Nutzen Sie Ihren Verstand, wenn Sie intuitiv sind oder stärken Sie Ihre intuitive Intelligenz, wenn Sie es gewohnt sind, auf Ihren Verstand zu hören.
- Sehen Sie Veränderungen als Quelle des Lernens und der Entwicklung.
- Fangen Sie mit kleinen bzw. unbedeutenden Entscheidungen an, um sich so auf große bzw. wichtige Entscheidungen vorzubereiten.

TOP TIPPS

- Analysieren Sie Ihre berufliche Situation objektiv, behalten Sie dabei aber auch die anderen Bereiche Ihres Lebens im Blick (persönlich, familiär, sozial, gesundheitlich ...).
- Wenn Sie im Beruf eine Entscheidung treffen müssen, sollten Sie sich die unterschiedlichen Möglichkeiten vor Augen halten.
- Seien Sie offen für alle Möglichkeiten, um auch einen Weg einschlagen zu können, der vielleicht bisher nicht gesehen wurde.
- Treffen Sie Ihre Entscheidung im Hinblick auf das, was für Sie wirklich zählt (Ihre Werte, Bedürfnisse, Wünsche ...). Fragen Sie sich, welchen Gewinn oder welches Ergebnis Sie sich von dieser Entscheidung erhoffen.

Unsere Werte sind eine wahre Goldgrube, eine intrinsische Motivationsquelle und großartige Gründe, um zu machen, was wir machen. Darin besteht der tiefste Sinn unseres Berufslebens und unserer Vorhaben. Durch ihren Ausbau fördern sie die Handlungsfreudigkeit, die die Freude am Beruf nährt und dadurch einen

> positiven Geisteszustand auslöst, sprich uns
> unternehmungslustig und tatkräftig macht. [1]
> (Pascual: „8 étapes pour gérer les périodes de
> doute", 2017).

- Wenn Sie vor einer Entscheidung stehen, sollten Sie auf Ihre innere Stimme hören, um zu
erkennen, was gut für Sie ist.

> Haben Sie den Mut, Ihrem Herzen
> und Ihrer Intuition zu folgen, denn
> sie wissen, was Sie werden wollen.[2]
> Steve Jobs, Rede in Stanford im Jahr 2005

- Hören Sie bei Entscheidungen auf Ihr
Bauchgefühl. Ihre Intuition spricht zu Ihnen
und wenn Sie lernen ihr zuzuhören, können Sie
viel über sich lernen. Sie können außerdem einiges an Zeit bei der Entscheidungsfindung gewinnen, indem Sie nicht zu viele Informationen
zusammentragen. Behalten Sie den Überblick
und identifizieren Sie die Faktoren, die Ihre
Entscheidungen beeinflussen: Vorurteile,
Gesellschaften, Herkunft, Umfeld ...

> Nicht weil die Dinge schwierig sind, wagen wir

---

1 Übersetzt für 50Minuten.de
2 Übersetzt für 50Minuten.de

sie nicht, sondern weil wir sie nicht wagen, sind sie schwierig.
Seneca

- Nehmen Sie sich Zeit und lassen Sie Ihre Entscheidungen reifen – Sie können Pausen machen, meditieren ...
- Führen Sie ein Tagebuch, in das Sie Ihre Überlegungen und Empfindungen in Bezug auf die Entscheidungen schreiben.
- Um das Feld der Möglichkeiten zu öffnen, sollten Sie Ihre Art der Entscheidungsfindung ändern: Nutzen Sie Ihren Verstand, wenn Sie intuitiv sind oder stärken Sie Ihre intuitive Intelligenz, wenn Sie es gewohnt sind, auf Ihren Verstand zu hören.
- Sehen Sie Veränderungen als Quelle des Lernens und der Entwicklung.
- Fangen Sie mit kleinen bzw. unbedeutenden Entscheidungen an, um sich so auf große bzw. wichtige Entscheidungen vorzubereiten.

FAQ

WIE VERLÄUFT DER ENTSCHEIDUNGSPROZESS IM GEHIRN?

Dr. Lesley Fellows, Neurologin und Forscherin am Montreal Neurological Institute and Hospital, hat gezeigt, dass das Gehirn zwei verschiedene Bereiche zur Entscheidungsfindung benutzt: den einen für den Gegenstand der Entscheidung und den anderen für die notwendigen Handlungen zur Umsetzung.

- Der präfrontale Cortex ist das Herzstück des Entscheidungsprozesses und für die Organisation im Hinblick auf eine Veränderung, das Erreichen von Zielen, die Realisierung von Handlungsplänen und Entscheidungen zuständig. Fellows Forschungen haben ergeben, dass Menschen, die eine Verletzung in diesem Bereich hatten, Schwierigkeiten bei der Auswahl und Definition von Gegenständen haben.

- Das limbische System ist der Sitz der Emotionen – vor allem der Angst – und ist im Entscheidungsprozess für die Bewertung der notwendigen Handlungen zur Erlangung der Wahlmöglichkeiten zuständig.

WAS PASSIERT, WENN MAN KEINE ENTSCHEIDUNGEN TRIFFT?

> Sich zu entscheiden nicht zu entscheiden ist auch eine Entscheidung.
> Jean-Paul Sartre

Keine Entscheidungen zu treffen oder sie dem Zufall bzw. anderen zu überlassen bringt einen in die Zuschauerposition. Eine solche Passivität löst meist Frustration, Angst oder Schuldgefühle aus. Diese greift das Selbstvertrauen an und verhindert eine positive persönliche Entwicklung im Hinblick auf Selbstverwirklichung. Sich der Wahlmöglichkeiten bewusst zu werden und sich für eine Richtung zu entscheiden führt dagegen dazu, dass man sein Leben selbst in die Hand nimmt.

Zu seinen Entscheidungen zu stehen ist nicht immer leicht. Es besteht immer das Risiko, sich zu irren und damit unerfreulichen Konsequenzen auszusetzen; allerdings sollte man im Hinterkopf behalten, dass man sogar durch Fehler mehr über sich selbst lernt, als durch Passivität. Nutzen Sie Ihre Entscheidungsfreiheit deshalb!

SOLLTE ICH MEINE ENTSCHEIDUNGEN AUF ETWAS BESCHRÄNKEN?

Der italienische Psychiater und Psychotherapeut Carlo Moïso (1945-2008) hat Situationen definiert, in denen Handeln unmöglich ist und die uns daher in unseren Entscheidungen einschränken:

- **die Ungerechtigkeit des Lebens:** Indem man akzeptiert, worauf man keinen Einfluss hat, und sich auf die Gegenwart sowie Ereignisse konzentriert, auf die man Einfluss nehmen kann, fühlt man sich nicht so sehr in der Opferrolle und empfindet weniger Rachsucht, Reue und Unmut.
- **die Imperfektion des Menschen:** Mit dem Eingeständnis kein Gott zu sein gibt man auch die Illusion der Perfektion auf. So wird man bescheidener, kann andere mehr wertschätzen und nimmt gleichzeitig seine eigene Einzigartigkeit an.

- **die Unvermeidbarkeit des Todes:** Eine Zeitleiste mit einem Anfang und einem Ende zeigt die Vergänglichkeit auf und lässt einen bewusster leben.
- **die Unveränderlichkeit der Vergangenheit:** Durch das Ermessen des möglichen Einflusses der Vergangenheit wird es leichter, sich selbst zu vergeben, Trauer besser zu verarbeiten, in der Gegenwart zu leben, anstatt die Vergangenheit zu idealisieren und sich Veränderungen zu öffnen.
- **die Unvorhersehbarkeit der Zukunft:** Die Tatsache, dass man nicht in die Zukunft schauen kann, motiviert einen, Entscheidungen zu treffen, Fortschritte zu machen und seinen Handlungen einen Sinn zu geben.

KANN MAN VON GUTEN UND SCHLECHTEN ENTSCHEIDUNGEN SPRECHEN?

Wenn es Ihnen gelingt, Ihre Vorstellung von der Perfektion aufzugeben, einen neuen Blickwinkel auf Entscheidungen zu gewinnen und alle Ereignisse als eine Erfahrung anzunehmen, werden Sie auch verstehen, dass es keine guten oder schlechten Entscheidungen gibt. Was in

Bezug auf Ihre Entscheidungen wirklich zählt, ist, dass sich Ihr Vorhaben weiterentwickelt und zu verwirklichen beginnt. Durch Entscheidungen lernt man und entwickelt sich weiter.

Ziehen Sie Bilanz und Sie werden erkennen, ob Ihre Entscheidung richtig oder falsch war. Sie können dann die Umstände analysieren, die zu diesem Ergebnis geführt haben und, wenn nötig, etwas anderes versuchen.

WODURCH KANN EINE BESSERE SELBSTKENNTNIS ZU ZUFRIEDENSTELLENDEN ENTSCHEIDUNGEN FÜHREN?

Wenn Sie Ihre Bedürfnisse erkennen, indem Sie Ihr Verhalten, Ihre Einstellungen, Widerstände und Funktionsweisen beobachten, lernen Sie, wie Sie handeln und reagieren sollten.

So werden Sie ebenfalls die Gründe und Folgen Ihrer Entscheidungen besser abschätzen können. Lernen Sie sich besser kennen und Sie werden sich ebenfalls von Verhaltensweisen befreien können, die Sie in Ihren Ängsten, Überzeugungen und Fehlinterpretationen gefangen halten.

SOLLTE MAN SICH HILFE FÜR WICHTIGE BERUFLICHE ENTSCHEIDUNGEN HOLEN?

Eine Bilanz seiner Kompetenzen zu erstellen, die Hilfe eines Coachs oder von jemandem aus dem eigenen Umfeld anzunehmen ist sicher sehr hilfreich, wenn man vor einer wichtigen Entscheidung steht. Außenstehende können Sie auf Mittel und Wege hinweisen, an die Sie selbst nie gedacht hätten.

> [Wenn Sie sich von einem Experten helfen lassen,] können Sie ohne Beurteilung all Ihre Empfindungen, Zweifel, Bestrebungen und Wünsche ausdrücken sowie eine weitreichende Entscheidung treffen. Sie sind nicht allein und können nützliche Anhaltspunkte für Ihre Entscheidungen entsprechend Ihrer Bedürfnisse und Ihres Umfeldes finden. So können Sie neue Möglichkeiten entdecken, Ihre innere Wahrheit finden, indem Sie sich Ihrem tiefsten Inneren nähern. Sie entscheiden für sich selbst, nachdem Sie Ihr Bewusstseinsniveau gehoben haben, eigenständig und befreit von Ihrer Vergangenheit.[1]
> (Fosset: *La chance de changer*, 2014, S. 82)

---

1 Übersetzt für 50Minuten.de

JETZT SIND SIE GEFRAGT!

ANALYSIEREN SIE IHRE DERZEITIGE SITUATION

Nachstehend finden Sie hilfreiche Fragen dafür:

- Welchen Weg bin ich in diesem Unternehmen gegangen?
- Was sind meine beruflichen Stärken und woran muss ich noch arbeiten?
- Stimmen meine Kompetenzen mit den Anforderungen des Marktes überein?
- Was ist für mich bei meiner Arbeit am wichtigsten?
- Wie sind die Beziehungen zu meinen Vorgesetzten und Kollegen?
- Welches Ziel habe ich mir gesetzt, um meine Karriere voranzutreiben?
- Welchen Einfluss hat mein familiärer Hintergrund auf mein Berufsleben?
- Ist meine finanzielle Situation stabil?
- Bin ich eher ein Einzelgänger oder ein Beziehungsmensch?
- In welchem Kontext treffe ich meine Entscheidung?

- Was ist der Hauptgrund für die gewünschte Veränderung?
- Welchen Vorteil erwarte ich mir von einem Richtungswechsel?
- Bin ich bereit, etwas zu riskieren oder zu verlieren?
- Hängt diese Entscheidung zur Gänze oder teilweise von mir ab?
- Muss ich schnell eine Entscheidung treffen? Und wenn ja, warum?
- Welche Ausbildungen und Erfahrungen habe ich oder brauche ich, um meine Träume zu verwirklichen?[1]

ORDNEN SIE IHRE WERTE NACH WICHTIGKEIT

- Schreiben Sie 20 Werte auf, die Ihnen wichtig erscheinen oder von denen Sie glauben, dass sie Ihr Verhalten bestimmen (zur Inspiration können Sie auch im Internet recherchieren).
- Halten Sie, ohne nachzudenken, intuitiv die 10 für Sie wichtigsten Werte fest und fragen Sie sich, was Sie sagen oder machen würden, um diesem oder jenem Wert gerecht zu werden.

---

1 Vgl. Béatrice Gomez: „Changer de job? 7 étapes pour faire le bon choix"

- Schreiben Sie die 10 Werte in die Spalten und Zeilen einer Tabelle (siehe nachstehende Tabelle).
- Vergleichen Sie anschließend immer zwei Werte miteinander, bestimmen Sie den wichtigeren der beiden und schreiben Sie je nachdem wie Ihre Entscheidung ausgefallen ist entweder 1 oder 0.
- Berechnen Sie die Summe jedes Wertes und ermitteln Sie die drei Werte mit der höchsten Summe.
- Fragen Sie sich am Schluss, ob die ermittelten Werte mit Ihrer Berufswahl übereinstimmen. Wenn das nicht der Fall ist, sollten Sie damit beginnen, nach Alternativen zu suchen.

Priorisierung

	Liebe	Aufmerksamkeit	Freiheit	Echtheit	Lernen	Gelassenheit	Kreativität	Verführung	Respekt	Spaß	Summe
1. Liebe		1	1	0	1	1	1	1	1	1	8
2. Aufmerksamkeit	0		0	0	0	0	0	1	0	0	1
3. Freiheit	0	1		0	1	0	0	1	0	0	3
4. Echtheit	1	1	1		1	0	1	1	1	1	8
5. Lernen	0	1	0	0		0	0	1	0	0	2
6. Gelassenheit	0	1	1	0	1		1	1	1	0	6
7. Kreativität	0	1	1	0	1	0		1	1	0	5
8. Verführung	0	0	0	0	0	0	0		0	0	0
9. Respekt	0	1	1	0	1	0	0	1		0	4
10. Spaß	0	1	1	0	1	1	1	1	1		7

Meine drei wichtigsten Werte sind:

1	**Liebe**
2	**Echtheit**
3	**Spaß**

TRAINIEREN SIE IHRE INTUITION

Denken Sie an eine zu treffende Entscheidung und ziehen Sie sich an einen ruhigen Ort zurück. Konzentrieren Sie sich auf Ihre Atmung und entspannen Sie sich. Lassen Sie vor Ihrem inneren Auge eine Landschaft auftauchen, die Ruhe und Entspannung symbolisiert. Gehen Sie in dieser

Landschaft spazieren und achten Sie auf den Hintergrund und die Empfindungen, die in Ihnen ausgelöst werden.

Sie kommen an eine Kreuzung und der Weg teilt sich in zwei, drei oder mehr Wege. Jeder Weg steht für eine mögliche Alternative zu Ihrer Frage. Wählen Sie einen Weg und achten Sie auf Ihre Empfindungen sowie alle Details, die Sie sich vorstellen (Atmosphäre, Wetter ...). Stellen Sie sich folgende Fragen: Wohin wollen Sie auf diesem Weg? Gibt es Hindernisse? Sind Sie allein oder treffen Sie andere Personen? Was ist not-wendig, um diesen Weg gehen zu können?

Wenn Sie die Erkundung abgeschlossen haben, gehen Sie zur Kreuzung zurück, nehmen den nächsten Weg und gehen wieder wie oben beschrieben vor. Wenn Sie alle Wege erkundet haben, können Sie zur Landschaft zurückkehren und sich einen Moment lang ausruhen. Denken Sie noch einmal daran, was Sie auf den unter-schiedlichen Wegen erlebt haben und fragen Sie sich, wo Sie die meiste Freude empfunden haben. Wenn Sie entspannt und konzentriert ge-nug sind, werden Sie die zu verfolgende Option einigermaßen klar sehen. Beenden Sie die Übung nun mit einigen tiefen Atemzügen und halten Sie Ihre Eindrücke präzise in einem Heft fest. Wenn die Analyse Ihrer Empfindungen nicht zur Entscheidungsfindung ausreicht, sollten Sie sich ein wenig entspannen und die Übung erneut beginnen.

*Ihre Meinung ist uns wichtig!
Hinterlassen Sie doch einen Kommentar auf der
Seite unserer Online-Buchhandlung
und teilen Sie Ihre Favoriten in den sozialen
Netzwerken!*

DARÜBER HINAUS

LITERATURVERZEICHNIS

- Bourbeau, Lise: *Les 5 blessures qui empêchent d'être soi-même.* Pocket: Paris 2013.

- Chalvin, Dominique: *L'affirmation de soi.* ESF Éditeur: Montrouge 2016.

- Claeys Bouuaert, Michel: *L'éducation émotionnelle de la maternelle au lycée.* Le Souffle d'Or: Gap 2013.

- Cottreaux, Jean: *La répétition des scénarios de vie. Demain est une autre histoire.* Odile Jacob: Paris 2003.

- Covey, Stephen R.: *Die 7 Wege zur Effektivität: Prinzipien für persönlichen und beruflichen Erfolg.* 39. Auflage. Gabal: Offenbach 2005.

- Fontaine, Isabelle: *Développez votre intuition pour prendre de meilleures décisions.* Leduc.s Éditions: Montrouge 2013.

- Fontaine, Isabelle: „Intuition en entreprise: une révolution en marche?" Découvrir le sixième sens. Intelligences intuitives. *Histoiredintuition.com.* (11.06.2014). https://histoiredintuition.com/2014/06/11/une-revolution-en-marche/ (27.04.2019).

- Fontaine, Isabelle: „5 conseils pour prendre la bonne décision au bon moment". *Huffingtonpost. fr.* 22.11.2013. https://www.huffingtonpost.fr/isabelle-fon-taine-/5-conseils-pour-prendre-la-bonne-decisi-on_b_4317229.html (29.04.2019).

- Fosset, Patrice: *La conscience de changer.* Bookboon.com: London 2014.

- Gallotti, Anna; Lorenzen, Maryvonne: *Faire les bons choix.* Eyrolles: Paris 2015.

- Gladwell, Malcolm: *La force de l'intuition.* Robert Laffont: Paris 2007.

- Gueniat, Julien: „Voici comment connaître ses valeurs (Un système bluffant!)". *Leader-blogueur. com.* (2014). https://www.leader-blogueur.com/com-ment-connaitre-ses-valeurs/ (27.04.2019).

- Jeanne, Christian: *Que l'énergie soit avec vous.* Lulu autoédition: Morrisville 2012.

- Johnson, Spencer: *Die Mäuse-Strategie für Manager: Veränderungen erfolgreich begegnen.* Ariston: München 2000.

- Kahler, Taibi: *La process thérapie.* Eyrolles: Paris 2010.

- Laurier, Andrée: „Des méthodes efficaces pour prendre de bonnes décisions". In *Coup de pouce*: 1994.

- Lenoir, Frédéric: *Du bonheur, un voyage philosophique*. Fayard: Paris 2013.

- Marshall, Élisabeth: „Les leçons de bonheur de Frédéric Lenoir". *La Vie.* (02.01.2014). http://www.lavie.fr/spiritualite/les-lecons-de-bonheur-de-frederic-lenoir-02-01-2014-48262_22.php (29.04.2019).

- Marzano, Michela: *Extension du domaine de la manipulation de l'entreprise à la vie privée.* Grasset: Paris 2008.

- Mielczarek, Vanessa: *Guide de la personne heureuse.* Le Courrier du livre: Paris 2009.

- Pascual, Sylvaine: „8 étapes pour gérer les périodes de doute". *Mieux vivre avec moins de stress. Relation à soi. ithaquecoaching.fr.* https://www.ithaquecoaching.com/articles/8-etapes-pour-gerer-les-periodes-de-doute-1906.html (27.04.2019).

- Péronnet, Valérie: „Choix: pourquoi nous hésitons". *Moi. Se connaître. Comportement. Articles et Dossiers. Savoir faire les bons choix. Psychologies. com.* (04.05.2010). https://www.psychologies.com/Moi/Se-connaitre/Comportement/Articles-et-Dossiers/Savoir-faire-les-bons-choix/Choix-pourquoi-nous-hesitons (27.04.2019).

- Thomass, Balthasar: *Être heureux avec Spinoza.* Eyrolles: Paris 2008.

WEITERFÜHRENDE LITERATUR

- Heinrich, Christian; Hürtner, Tobias; Wüstenhagen, Claudia: „Die Kunst der Entscheidung". *Psychologie. Zeit-wissen. Entscheidungen. Zeit.de.* (11.10.2011). https://www.zeit.de/zeit-wissen/2011/06/Entscheidungen (28.04.2019).

- Mai, Jochen: „Entscheidungen treffen: 12 überraschende Fakten". *Job & Psychologie. Karrierebibel. at.* (23.01.2019). https://karrierebibel.de/entscheidung-treffen/ (28.04.2019).

- Wolf, Dr. Doris: „Entscheidungshilfen für schwierige Entscheidungen". *Lebensberatung. Angst, eine falsche Entscheidung zu treffen – Wie eine Entscheidung treffen? Palverlag.de.* https://www.palverlag.de/Entscheidungen-treffen.html (28.04.2019).